世界一美味しい

絶品&最速
BBQ レシピ
バーベキュー

宝島社

動画クリエイター
バーソロミュー・ブック

はじめに

はじめまして、バーソロミュー・ブックと申します。
まず、この本を手に取っていただき、本当にありがとうございます！

僕は動画アプリである『TikTok (ティックトック)』や
世界最大の動画共有サービス『YouTube (ユーチューブ)』、
さらには『Instagram(インスタグラム)』にまで、
主に川で作る簡単アウトドア料理やキャンプ系の動画を投稿するクリエイターです。
名前が長くて覚えられないという方は「バーソロ」「ブック」「バーさん」「川クック」……などなど、
お好きなように呼んでください (実際に視聴者の方がこう呼んでくれています)。

2018年11月頃に、「石で肉は焼けるのか？」というアウトドア動画を
『TikTok (ティックトック)』に投稿し出してから、
「わざわざ川で作らんでも……」という料理やスイーツが「楽しそう！」と話題を呼びました。
そして大自然の中で料理を作るということがさらに料理の美味しさを引き立て、
フォロワーがグングン伸びて
2020年4月現在の時点で140万人を超えました。
ありがたいことに、「♯TikTokオーディション2019」では
「♯タレント大賞」も受賞させていただきました。

投稿している動画のレシピは、アウトドアで定番の料理、遊び心満載の実験的な料理、
「逆に手間かかるんじゃ……」というようなネタ要素多めの料理とさまざまありますが
本書では実際にキャンプやバーベキューで作ってほしいレシピを厳選して紹介します！
トップで「いいね♡」数が多かったバズりレシピをランキング形式で大発表、
キャンプに欠かせない肉レシピ、お酒が進むおつまみレシピ、
おなかいっぱいになる主食レシピ、僕といえばチーズ・チーズといえば僕という
チーズレシピの楽しくて盛りだくさんのラインナップです。
アウトドア飯は材料や調理器具が整ったキッチンでおこなうわけではないので
焦げたり、形が崩れたり、少しくらい失敗しても
料理を美味しく楽しめればOKって思っています。
買い忘れや材料不足もキャンプのあるあるネタで、ある材料で工夫したり味つけを
変更しちゃってもOK。その自由さがアウトドア料理の一番の魅力です。

最後に、アウトドア料理やキャンプ飯とは (たくさん)いいましたが、
この本にのっているレシピは短時間、少ない材料、簡単に作れるものばかりなので
ぜひぜひおうちでも作ってみてください。
山でも川でも海でも家の中でも「美味しい！」を体感できると思います。

2020年4月　　バーソロミュー・ブック

CONTENTS

OUTDOOR COOKING # *1*

バーソロミュー・ブックの
バズり飯 BEST10！

COLUMN # *1*

OUTDOOR COOKING #4
ボリューム満点！
大満足の主食レシピ

バーソロ流
BBQ料理の基本の「き」

本格的な野外料理には専門的な道具を必要とするが、身近な道具で簡単に美味しい川飯を作るのがバーソロ流です。このポイントを知っておけば、初心者でもキャンプやBBQを気軽に楽しめますよ！

美味しく作る **3** つのコツ

コツ ①

余分な手間とゴミを減らす！
レトルトやインスタント食品をフル活用

調理道具や設備が整っていない野外料理において、基本は手抜きが重要！ いかに手間を省くかが荷物の軽量化やゴミを減らすことにつながります。そこで活用したいのがレトルトやインスタント食品。飯ごうで炊くごはんも美味しいのですが、慣れていないと失敗することも多いので、僕はごはんはレンチンするレトルトごはんをゆでて使っています。インスタントラーメンは味がついているので調味料も最小限でOK。野菜やねぎなどの薬味もスーパーやコンビニで売っているカット野菜を使うことで切る手間がなく、野菜くずも出ないので一石二鳥です。冷凍食品も使えます。エビやシーフードミックス、ブロッコリーは凍ったまま持っていくと調理するころには解凍されています。

コツ ②

味つけ不要の食材で
簡単に味が決まる！

そのまま食べられる食材を使えば、簡単に美味しくできます。僕がヘビロテしている味つけ不要食材は「チーズ」「ソーセージ」「ベーコン」。だって焼くだけで、もう美味しいでしょwww。この3食材とほかの食材を組み合わせるだけで、無限大にレシピのバリエーションが広がります。下処理不要の缶詰もGOOD！

コツ ③

フライパンや鍋ひとつで
作れば片づけも楽ちん！

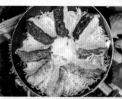

重たい荷物を運んだり、セッティングに時間がかかったり、あと片づけに時間がかかったり……これらの要素は野外料理の楽しさを半減させます。僕は基本的に鍋ひとつ、フライパンひとつで完成するレシピを考えています。作るのも簡単なうえ、洗い物が少なくなるのが◎。鍋のまま食べるのもワイルドでいいもんですよ！

野外料理に欠かせない
バーソロの **7** つ道具

僕が川で料理を作るときにいつも持っていく愛用アイテムを紹介します。

アイテム ①

フタつきの鉄鍋

フライパンや鍋も使いますが、深さがあってフタつきの鉄鍋をひとつ持っておけば万能です。焼く・ゆでる・蒸す・揚げるなど調理の幅もグンと広がります。鉄鍋は冷めにくいので熱々をキープできるのもうれしいところ。ただし鉄は熱が伝わりやすいので、ヤケドにだけは十分注意してくださいね。

アイテム ②

ナイフ・包丁

僕は外でも使える包丁を使っていますが、初心者さんには折りたたみ式のナイフが安全でおすすめ。ナイフは調理だけでなく薪を割ったり、木を削ったりとほかの用途にも使うので使ったらこまめにふいたり、洗ったりして清潔に保ちましょう。

アイテム ③

カッティングボード

小さめのカッティングボードはまな板代わりに使っています。板だと砂利の上でも安定して、簡単に切ることができます。仕上がった料理をのせて、皿代わりにするのもおしゃれです。

アイテム ④

ペーパータオル

熱々の鍋の下に敷いたり、調理したあとに汚れをふき取ったりと大活躍。そしてなにより優れているのは、ペーパータオルは燃やせること。使い終わったペーパーを焚き火にくべてしまえばゴミが減ります。

アイテム ⑤

割り箸

調理をするときに欠かせないのが割り箸。軽くてかさばらず、持ち運びも便利です。割り箸も調理後に燃やしてしまえばOK。コンビニなどでもらったものをストックしておくとキャンプやBBQに便利ですよ。

アイテム ⑥

ゴム製の手袋 (BLACK)

食材を直でさわることも多いので、動画を撮影するときには衛生管理上ゴム手袋をつけています。バーソロカラーを出したくて、あえて・あえて黒にしてみました。みなさんは普通に軍手でOKっすwww。

アイテム ⑦

相棒リチャード

僕が『TikTok』で動画を撮影しはじめた当初から、一緒に川に連れていっているワンコです。「リチャード」と命名したのですが、その理由はもうなんでか思い出せませんwww（ごめんリチャード!）。

バーソロ流
焚き火の火おこしのコツ

野外料理に欠かせないのが焚き火。一見火をおこすのは難しいと思われますが、道具さえあれば誰でも簡単に焚き火ができます。火は調理するだけでなく、暖を取ったり暗闇を照らしたり、炎を眺めるだけでも癒やされるのでキャンプに欠かせません。

5つのものがあれば焚き火ができる！

アイテム ①
薪

やはり焚き火といえば薪！　ホームセンターなどで買った薪なら乾燥していて火がつきやすいです。その辺に落ちている枯れ葉や枝も燃やせますが、乾いたものを選別しましょう。

アイテム ②
炭

炭は火を長持ちさせるので、焚き火がすぐに消えてしまわないように薪と組み合わせて使用します。炭は煙が少ないのも特徴。薪同様、ホームセンターで買えるので、あると便利。

アイテム ③
着火道具

ライターやマッチなどで火をつけます。僕は料理にも使うのでガスバーナーを使用することが多いですが、初心者なら着火口から引き金まで距離がある柄の長いタイプのライターがおすすめ。

アイテム ④
焚き火の土台

直火NGのキャンプ場も多いですし、自然を守るためにも焚き火をするときには金属の土台を置きましょう。僕は100円ショップで買った蒸し器を使っていますwww。心配な方は専用の器具を使ってください。

アイテム ⑤
火ばさみ

燃え盛る薪や炭を操作するのに必ず使うのが火ばさみ。火力調整だけでなく、小枝を拾ったり、ゴミをはさんで捨てたりと火を扱う以外にも幅広く使うので1本あって間違いなし！

あったら便利な+α
アイテム ①
ガスバーナー

天候などの自然条件や慣れなどによって必ずしも火がおこせるわけではありません。火がおこせても調理には不十分な火力だったりする場合もあるので、そんなときはガスバーナーを使ってOK！雨が降る予報があるときなど持っていくと安心です。

あったら便利な+α
アイテム ②
着火剤

火がなかなか着かない場合は着火剤をうまく活用しましょう。火を着ける前に種火になる炭や薪にぬって火をつければ一気に燃えます。ただし、火をつけてから着火剤を入れようとすると手や衣類についてしまい、火が燃え移ってヤケドの原因になるので注意して！

バーソロが伝授する！
火のおこし方

STEP ①

土台に炭を置く

土台になる金属プレートに炭を置きます。炭の大小をまんべんなく広げ、空気が通って火が着きやすいように重ねていくイメージで。

STEP ②

薪を「井」の字に組み立てる

炭の上に薪を2本のせたら、「井」の字になるようにもう2本上にのせて組み立てます。

STEP ③

薪を細く割り先を削る

火が着きやすいよう薪を細く割ります。さらにその四隅をナイフを使って毛羽立つように削ります。

STEP ④

組み立てた薪に削った薪を入れ火を着ける

STEP②で組み立てた「井」の字の真ん中の空洞に、STEP③で削った薪を数本入れます。火が燃え移るよう削った部分に着火します。

STEP ⑤

薪の皮でさらに燃やす

薪に火が燃え移ったらさらに燃えるよう、燃えやすい薪の皮の部分を入れて炎を燃え上がらせていきます。

STEP ⑥

薪をくべて炎を大きくする

土台になる薪がほどよく燃えたら薪を追加して燃やし続けます。炎がある程度大きくなったら調理ができる火力です。あとは薪や炭を絶やさず、火力をキープしましょう。

調理後のあと片づけ

自然を守るためにも、あと片づけはしっかり・ていねいにおこなうのがマナーです！

STEP ①
残った炭に水をかける

焚き火がある程度燃え切ったら、残った炭に水をかけます。火が完全に消えるまでたっぷりかけましょう。

STEP ②
燃えガラをゴミ袋に入れる

完全に火が消えたら炭の燃えガラをゴミ袋に入れて持ち帰りましょう。帰宅後、自治体のルールにしたがってゴミ出しを。

STEP ③
焼け落ちた炭も忘れずに！

飛びはねたり、風で飛ばされた炭を忘れずにきちんと拾い集めましょう。火ばさみを使ったり、細かいものは手で拾って。

STEP ④
砂利をならして原状回復を

土台があるとはいえ、火をおこした部分は焼けたあとがわかります。手で砂利をならしてなるべく原状回復をしましょう。

※使い終わった炭やゴミの捨て方は、それぞれBBQ場やキャンプ場の指示にしたがって片づけましょう。

11

本書の見方

いいね♥
2.8万件

ヤバいくらい美味しそう。ワインで煮込むとどんな味になるのかな、食べてみたい！

簡単にできておしゃんてぃ！

50

BEST 10

手の込んだように見える 鶏肉と野菜の白ワイン煮

色鮮やかな野菜をチョイスすればおしゃれなビジュアルに！

盛り上がること間違いなし！ 最強の肉レシピ

材料 2人分

鶏もも肉 …… 200g	じゃがいも …… 小1個
ブロッコリー (冷凍) …… 70g	オリーブオイル、塩、粗びき黒こしょう …… 各適量
ミニトマト …… 7個	白ワイン …… 1/2カップ

作り方

1 具材を切って並べる
鶏肉、じゃがいもをひと口大に切る。スキレットにオリーブオイルをひいて熱し、外側からじゃがいも、ブロッコリー、鶏肉の順に並べ、じゃがいもの上にへたを取ったミニトマトをのせる。

2 白ワインで煮込む
白ワインを入れ、塩、黒こしょうをふったらフタをして5〜7分、中火に火が通るまで煮込む。仕上げに再度黒こしょうをふる。

バーソロ's POINT
具材を入れて待つだけと超お手軽ですが、ミニトマトとブロッコリーの色が鮮やかなので映えますね！ 僕はこれにさらにピザ用チーズをたっぷりのせて食べたりもします！

おつまみレシピ / 主食レシピ / デザートレシピ

動画はこちらをCHECK！

51

A 「いいね♡」件数

2020年4月上旬時点でのTikTokの「いいね♡」件数を掲載しています。

B 材料

レシピを完成させる食材を明記しています。ビールなどの飲みものは含みません。

C 作り方

作り方を写真とともに解説しています。基本的に1〜3工程で作れる簡単なものばかりです。

D バーソロ's POINT

美味しく作るコツやアイデアなどを紹介しています。

E コメント

TikTokやYouTubeに寄せられた視聴者の方からのコメントを紹介しています。

F バーコード

紹介したレシピのTikTok、またはYouTubeの動画にジャンプします。本誌の内容と動画の内容が多少異なる場合もあります。

NEW RECIPE

TikTokやYouTubeなどで未発表の、この本だけの新作レシピです。

肉感あふれる！ 簡単ハンバーグ
材料はほぼ3つでできるオーソドックスなハンバーグ
NEW RECIPE

料理をはじめる前に……

- 計量単位は大さじ1＝15ml、小さじ1＝5ml、1カップ＝200mlです。

- 調味料について特に記載のないものはしょうゆは濃口しょうゆ、塩は食塩、砂糖は上白糖、味噌は合わせ味噌、バターは加塩、みりんは本みりん、酒は料理酒を使用しています。

- 火は基本的に焚き火を使用しており、火力は中火〜強火です。ガスコンロやIHでおこなう場合は、中火で様子を見ながらおこなってください。

- スキレットを使用して調理しているものでも、フライパンで代用できるものは「フライパンで」と表記しています。

- じゃがいもは皮をつけたまま調理していますが、皮はよく洗い、芽などがある場合は取り除いてから調理してください。玉ねぎは皮をむく工程を省いて説明しています。

OUTDOOR COOKING #1

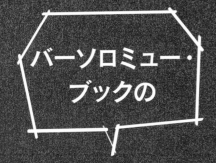

バーソロミュー・
ブックの

バズり飯BEST10！

今まで TikTok や YouTube で発信してきた
レシピ動画約 200 品の中から
ぜひぜひ作ってほしいレシピを
「いいね！♡」の件数順のランキング形式で紹介します。
「飯テロ職人」の異名を持つ僕が自信をもって
おすすめするマイ・ベスト・レシピ 10 品です！

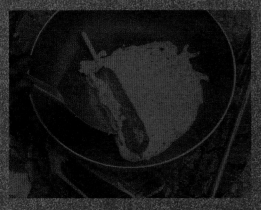

川で作る　とろ〜り　チーズチャーハン

TikTok の再生回数 660 万回以上！
ありそうでなかったチャーハン×熱々チーズ

いいね♥
40万件

> チャーハンにチーズって
> 発想は無かったなぁ〜
> 今まで見たチャーハンの
> 中でイチバン彩りが良い

> この動画見ながら
> 今日作りました〜
> 美味しかった

材料 2人分

ごはん（レトルト） …… 1個（180g）

チャーシュー …… 30g

溶き卵 …… 1個分

塩、こしょう、しょうゆ …… 各少々

ビザ用チーズ …… 100g

サラダ油、長ねぎ（青い部分）、青ねぎ …… 各適量

作り方

1 下ごしらえをする

チャーシューは1cm角に切る。長ねぎと青ねぎは小口切りにする。

2 具材を炒める

フライパンに多めのサラダ油を入れて熱し、溶き卵を入れて半熟になったらごはんを加えて炒め、チャーシュー、塩、こしょうを加えてパラパラになるまで炒める。長ねぎとしょうゆを加えてさらに炒め合わせる。

3 チーズを敷いて溶かす

おわんなどに2を詰めてスキレットに盛り、まわりにチーズを敷き詰める。火にかけてチーズが溶けたら、青ねぎをちらす。

バーソロ's POINT

卵が半熟のうちにごはんを入れて、フライ返しなどを使ってごはんを切りながら炒めるのがパラパラするコツ！

動画はこちらを
CHECK！

BEST 2

豪快！
焼き肉サンドイッチ

美しい川とうまそうな焼き肉のコントラストで
「いいね♡」爆上がり！

材料 2人分

食パン（厚切り） …… 1枚
牛バラ薄切り肉 …… 70g
玉ねぎ …… 1/2個
レタス …… 2枚
サラダ油、塩、粗びき黒こしょう、焼き肉のたれ …… 各適量

> **バーソロ's POINT**
> 食パンは切れ目を入れて袋のように具材を詰めるので、厚切りのものを選びましょう！　よくばって具材を入れすぎると破れるから注意！

作り方

1 下ごしらえをする

牛肉は食べやすい大きさに切り、玉ねぎは半月切りにしてくずす。食パンは半分に切って切り口に縦に切れ目を入れて袋状にする。

2 具材を炒めて詰める

フライパンにサラダ油をひいて熱し、牛肉、玉ねぎを入れて炒め、塩、黒こしょうをふる。全体に火が通ったら焼き肉のたれをまわしかけ、炒め合わせる。食べやすくちぎったレタスと一緒に**1**に詰める。

動画はこちらを
CHECK！

18

BEST 3

フランクフルトの カリカリチーズ巻き

チーズ好きならよだれ必至！
BBQ ではチーズを焼いて食べるべし！

いいね♥
26万件

材料 2人分

フランクフルトソーセージ（棒つき）…… 3本
ピザ用チーズ、トマトケチャップ、粒マスタード …… 各適量

作り方

1 フランクフルトを焼く

フライパンを熱し、フランクフルトを入れて焼き目がつくまで焼き、いったん取り出す。

2 チーズで巻く

フライパンにピザ用チーズを広げて熱し、溶けてきたら**1**のフランクフルト1本を上におく。チーズを巻きつけ、トマトケチャップとマスタードをかける。同様に3本作る。

バーソロ's POINT

チーズをフライパンに広げるときは、フランクフルトの長さに合わせるとあとで巻きやすくなりますよ！　熱しすぎるとチーズが焦げるのでご注意を。

動画はこちらを
CHECK！

肉レシピ

おつまみレシピ

主食レシピ

チーズレシピ

BEST 4

ポーチドオニオンエッグトースト

ぷるぷるの目玉焼きがフォロワーの食欲を刺激！
キャンプの朝ごはんはこれ！

材料 2人分

食パン …… 1枚
ベーコン（ハーフ） …… 3枚
玉ねぎ …… 1/2個
卵 …… 1個
サラダ油、塩、粗びき黒こしょう、ドライパセリ …… 各適量

作り方

1 ベーコンを焼く

フライパンにサラダ油をひいて熱し、ベーコンをカリカリに炒めて食パンの上にのせる。

2 玉ねぎと卵を焼く

玉ねぎを輪切りにし、一番外側の輪を残してざく切りにする。フライパンにサラダ油を足して玉ねぎを入れ軽く炒めたら、輪切りの中に卵を割り入れる。フタをして半熟になるまで焼いたら塩、黒こしょう、ドライパセリをふって1にのせる。

バーソロ's POINT

玉ねぎの輪の中に落とした（ポーチド）目玉焼きがポイント！
小さく作れるので、オープンサンドにぴったりです！

動画はこちらを
CHECK！

BEST 5 キムチともやしの豚肉ロール

誰もが見てわかる美味しいやつ！
キムチと豚肉の最強タッグ‼

バーソロ's POINT
豚肉は買ったときのトレーにのせたまま作業してもOK！ まな板いらずで片づけがラクになります！

材料 2人分

豚バラ薄切り肉 …… 7〜8枚
白菜キムチ …… 30g
もやし …… 20g
青ねぎ（小口切り） …… 10g
薄力粉、サラダ油、塩、粗びき黒こしょう …… 各適量

作り方

1 豚肉で具材を包む

豚肉を少しずつ重ねながら広げ、端にキムチ、もやし、青ねぎをのせてくるると巻いて全体に薄力粉をまぶす。

2 豚肉を焼く

フライパンにサラダ油をひいて熱し、**1**を入れて全体に焼き色がつくまで焼く。水（分量外）を加えてフタをして蒸し焼きにし、肉に火が通ったら塩、黒こしょうをふる。

動画はこちらを
CHECK！

肉レシピ

おつまみレシピ

主食レシピ

チーズレシピ

ベーコンと野菜の
チーズフォンデュ

いいね♥
10万件

ヤケド注意！　カマンベールをまるまる1個使った
熱々フォンデュ！

バーソロ's POINT

市販のカマンベールをそのまま使えば、川でも家でもどこでもチーズフォンデュを楽しめますよ！

材料 2人分

カマンベールチーズ
　…… 1個（100g）
ブロッコリー（冷凍）…… 80g
ベーコン …… 100g
ミニトマト …… 5〜6個
粗びき黒こしょう …… 適量

A
├ トマト水煮缶詰 …… 1缶
├ コンソメスープの素（顆粒）
│　…… 大さじ2
└ 水 …… 50ml

作り方

1 下ごしらえをする

カマンベールチーズの上面を丸く切り取る。ミニトマトはヘタを取って半分に切り、ベーコンは角切りにする。

2 具材とチーズを焼く

スキレットにAを入れて熱し、ブロッコリー、ミニトマト、ベーコンを加えてフタをして火を通す。スキレットの端に具材を寄せて真ん中にカマンベールチーズを入れる。フタをしてチーズを溶かして黒こしょうをふり、具材をチーズにつけながら食べる。

動画はこちらを
CHECK！

TikTokで見てスグに作りました　美味しかったですよ♡

アイディアですね～なるほど！万能♪ 覚えておこうフムフム(o^-^)φ

BEST 7

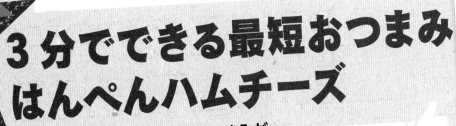

3分でできる最短おつまみ
はんぺんハムチーズ

【悲報】たった3分で作ったおつまみが
うまくて飲みすぎた件

いいね♥
9.1万件

材料 1人分

はんぺん …… 1枚
スライスチーズ、ハム …… 各2枚
しょうゆ、サラダ油 …… 各適量

作り方

1 はんぺんに具をはさむ

はんぺんをななめに2等分にし、袋状に切れ目を入れる。チーズとハムは、はんぺんの形に合わせてななめに折り、はんぺんにはさむ。

2 はんぺんを焼く

フライパンにサラダ油をひいて熱し、**1**を入れる。焼き目がついたら裏返し、しょうゆをまわしかけて両面に焼き色がつくまで焼く。

バーソロ's POINT

超絶シンプルですが、はんぺんはふわふわ、チーズがとろとろで超絶うまいです!
ぜひ一度おためしください!

動画はこちらを
CHECK!

バーソロミュー・ブックのバズリ飯BEST10!

肉レシピ

おつまみレシピ

主食レシピ

チーズレシピ

27

BEST 8

シャキシャキレタスと豚肉のおろしにんにく炒め

うますぎるレタスと豚肉のハーモニーに
全米が泣いた……!?

いいね♥
8.2万件

材料 1人分

豚肉 (焼き肉用) …… 100g

レタス …… 4〜5枚

おろしにんにく (チューブ) …… 小さじ1

サラダ油、鶏がらスープの素 (顆粒)、
　粗びき黒こしょう …… 各適量

作り方

1 豚肉を炒める

豚肉とレタスは食べやすい大きさに切る。フライパンにサラダ油をひいて熱し、豚肉を入れて炒める。

2 調味料で味つけする

焼き色がついてきたらレタスを加え、おろしにんにく、鶏ガラスープの素を加えて炒め合わせる。皿に盛り、黒こしょうをふる。

バーソロ's POINT

レタスはシャキシャキ感が残っていたほうが美味しいので、最後に入れて軽く火を通すだけにしましょう！
黒こしょうはたっぷりかけてもGOOD！

動画はこちらを
CHECK！

作った！めっっっっちゃ美味しくてビビった
Σ>ー(〃｀+Д+´〃)♡ーーー>

これこそ、シンプルイズベスト！やなｗ

バーソロミュー・ブックのバズリ飯BEST10！

肉レシピ

おつまみレシピ

主食レシピ

チーズレシピ

30

BEST 9

コンビニおにぎりの チーズ生ハムのせ

BBQ ならコンビニ食材も おしゃれにアレンジしてごまかせる‼

いいね♥ **7.2万件**

材料 1人分

コンビニのおにぎり（お好みの具）…… 1個

スライスチーズ …… 2枚

生ハム …… 4〜5枚

粗びき黒こしょう …… 適量

作り方

1 おにぎりを焼く

フライパンにサラダ油をひいて熱し、おにぎりを軽くつぶして入れる。チーズをのせてフタをし、チーズが溶けるまで焼く。皿に盛り、生ハムをのせて黒こしょうをふる。

バーソロ's POINT

今回は牛カルビおにぎりで作りましたが、辛子明太子やツナマヨなど、お好きなコンビニおにぎりで楽しんでみてくださいね！

動画はこちらをCHECK！

肉レシピ

おつまみレシピ

主食レシピ

チーズレシピ

カルボナーラみたいな チキンラーメン

いいね♥
5.4万件

一度は作ってほしい！
チキンラーメンを牛乳で煮るとカルボナーラに!?

材料 1人分

チキンラーメン …… 1袋

ベーコン（角切り）…… 適量

水、牛乳 …… 各1/2カップ

粉チーズ、粗びき黒こしょう …… 各適量

卵黄 …… 1個分

作り方

1 麺をゆでる

鍋に水を入れて沸騰させ、チキンラーメンと牛乳を加えて麺をほぐす。

2 具材を加える

ベーコンを加えてひと煮立ちしたら粉チーズをたっぷりとかけ、黒こしょうをふって真ん中に卵黄をのせる。

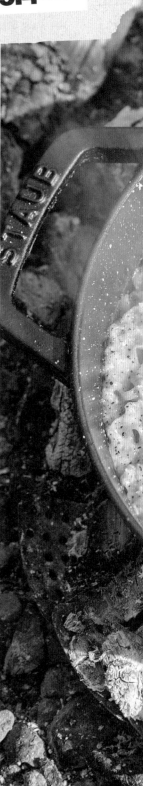

動画はこちらを
CHECK！

バーソロ's POINT

水と牛乳は入れすぎるとあふれるので、フライパンのサイズによって調節してくださいね。

COLUMN #1
バーソロミュー・ブックを知る
Q&A TikTok編

Q なぜ『TikTok』で料理をやろうと思ったの？ それもなぜ川で？

A みんなも僕もワクワクしたいから アウトドアを継続させる難しさにもチャレンジしたかった

川で料理をやろうと思った理由はいろいろありますが、見てる人がワクワクする動画を撮りたかったから。僕自身子どもの頃、アウトドアというのは非常にワクワクしました。また、普通に家で料理する動画はほかにたくさんあったのでアウトドアで料理することにしました。

またアウトドアで継続して料理をするというのは非常に手間のかかることです。普通の人が時間的にも手間的にも継続することが困難なことをやってみたら楽しんでもらえるんじゃないかと思いました。

Q 料理のマイ・ルールはある？ またレシピはどんなときに思いつくの？

A 日常では見られないような雰囲気やおもしろさに重点を チーズは僕のマスト食材

ネットや本でいろいろなレシピや料理を見たり、スーパーで食材を見ていると「これとこれ組み合わせたらおもしろいかも?」みたいな感じでレシピを思いつきます。「これはイケた！」と思った最初のレシピは、BEST1になった「川で作るとろ〜リチーズチャーハン」(P14掲載)ですね。チャーハンもうまくできて、チーズもイメージ通りにトロトロになりました。チーズは溶けてとろ〜っとのびるのが食欲をそそられるし、動画的にもバエるのでバーソロといったら欠かせない食材です！

Q もともと料理は好きだったの？

A 料理歴＝『TikTok』歴 楽しさを疑似体験してほしい

実は『TikTok』をはじめるまで、料理はほとんどしたことがありませんでした。ラーメン屋のバイトをしていたときに、麺をゆでていたくらいです (笑)。

なので美味しい料理を作る動画を見てほしいというより、「ありえない設定で料理を作っている」「なんか楽しそう」という楽しさ&ゆるさがいいのかもしれません。ネタ料理もたくさんあるので、自分でやってみるのは面倒だったりするでしょうから、素朴な疑問やバカバカしさを疑似体験してほしいというのも狙いです。

Q これからの目標や夢、構想を教えてください！

A 価値のある動画をもっと届けたい 世界中の川で料理もアリかな？

これから川料理動画を、今以上にたくさんの人に届けたいです。その場所でしか聞けない川の流れる音、虫の鳴き声や風が吹く音……そういったそこに行かないと味わえない自然の雰囲気のような価値あるものをこれからも届けたいです。世界中の川で料理するのもおもしろいかな？ その動画で何か少しでもワクワクしたり楽しんでくれたり……見る人の生活の一部になれるようがんばります！

OUTDOOR COOKING #2

盛り上がること
間違いなし！

最強の肉レシピ

屋外料理やキャンプの主役といったら、
やっぱ肉・肉・肉でしょ!?
シンプルな味つけや作り方でも、外で食べるとさらにうまい！
自分でおこした焚き火で焼くのがさらにいい!!
がっつり食べられる・ビジュアルもパンチ大・
でも簡単に作れるバーソロ流肉料理をご堪能あれ。

サイコロステーキの
ガーリック炒め

NEW RECIPE

これぞ BBQ ！ 切って焼くだけなのに
贅沢＆ボリューム感たっぷり！

材料 2人分

牛ステーキ肉 …… 300g

にんにく …… 2かけ

バター …… 10g

オリーブオイル、塩、粗びき黒こしょう、しょうゆ …… 各適量

作り方

1 材料を切る
牛肉はサイコロ状に、にんにくは薄切り
にする。

2 具材を焼く
フライパンにオリーブオイルをひいて熱
し、にんにくを炒める。香りが出たら肉
を加え、火が通ったら塩、黒こしょうを
ふり、しょうゆをまわしかけ、好みの焼
き加減になるまで焼く。

バーソロ's POINT

外だから部屋ににおいがしみつ
く心配もないので、にんにくは
たっぷり2かけ分使いましょう！

焚き火で作る
本格ローストビーフ

BBQで映えるブロック肉で簡単に豪華料理が完成！

材料 作りやすい分量

牛もも肉（ブロック）…… 300g

塩、粗びき黒こしょう、オリーブオイル、ローズマリー（生）…… 各適量

作り方

1 牛肉の下ごしらえをする

牛肉の全面に塩、黒こしょうをふってもみ込む。

2 牛肉を焼く

フライパンにオリーブオイルをひいて熱し、1の牛肉を入れ、ローズマリーを多めにふる。肉の表面全体に焼き色をつけ、食べやすく切る。

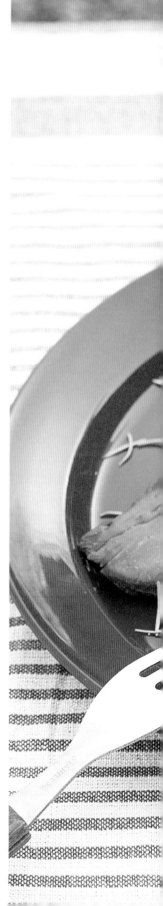

バーソロ's POINT

ローズマリーは「入れすぎかな?」と思うくらいいっぱい入れちゃってOKです！ 香りがしっかりついて、一気に美味しさアップ！

38

40

たっぷりキャベツと一緒に食べる焼き肉丼

ちょっといいお肉を使って
おしゃれなカフェランチ気分を味わえる！

材料 1人分

ごはん（レトルト） ⋯⋯ 1個（180g）

牛ロース肉（焼き肉用） ⋯⋯ 5〜6枚

キャベツ（せん切り・カット済み） ⋯⋯ 1/2袋

サラダ油、塩、粗びき黒こしょう、長ねぎ（青い部分・小口切り）、
　焼き肉のたれ ⋯⋯ 各適量

作り方

1 肉を焼く

フライパンにサラダ油をひいて熱し、牛肉を入れて塩、黒こしょうをふり、肉に火を通す。

2 ごはんに盛る

器に温めたごはんを入れてその上にキャベツを盛り、1の牛肉を並べる。長ねぎをのせ、焼き肉のたれをかける。

バーソロ's POINT

ごはんの上にキャベツをのせてかさ増ししているので、ちゃんと野菜もたっぷり食べられます！
お好みで卵黄をのせてもGOOD！

動画はこちらを
CHECK！

41

肉感あふれる！ 簡単ハンバーグ

NEW RECIPE

材料はほぼ3つでできるオーソドックスなハンバーグ

材料 1人分

牛ひき肉 …… 200g

玉ねぎ …… 1/4個

パン粉 …… 大さじ3

塩、こしょう …… 各適量

レタス …… 1枚

バター …… 20g

【ソース】

中濃ソース、トマトケチャップ
　　　…… 各適量

水 …… 少々

作り方

1 肉だねを作る

玉ねぎはみじん切りにする。ボウルに牛肉、玉ねぎ、パン粉、塩、こしょうを入れてよくこねて小判形に成形する。

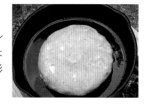

2 肉だねを焼く

フライパンにバターを入れて熱し、**1**を加えて両面に焼き色をつけながら中まで火を通す。皿にレタスを敷いてハンバーグを盛り、まぜ合わせたソースをかける。

バーソロ's POINT

ソースは中濃ソース：トマトケチャップ＝1：1の割合がちょうどいいと思います。外でやるときは肉だねを先に家で作っておくのがおすすめ！

どっさりしょうがだれに漬け込む さっぱりしょうが焼き

これさえあればごはん10杯くらいいけちゃう王道おかず！

材料 2人分

豚ロース薄切り肉 …… 5枚

玉ねぎ …… 1/4個

おろししょうが（チューブ）
　…… 20g

しょうゆ、みりん …… 各大さじ1

キャベツ（せん切り・カット済み）
　…… 1/2袋

ミニトマト …… 3個

バーソロ's POINT
前日から下準備して肉をたれに漬けておいて、BBQに持っていったら焼くだけにしておくとラク＆味がしみ込んでいてうまさ倍増です！

作り方

1 肉を漬ける
ボウルにおろししょうが、みりん、しょうゆを入れてまぜ、豚肉を10〜15分ほど漬けておく。

2 肉を焼く
フライパンにサラダ油をひいて熱し、玉ねぎ、1の豚肉を入れて火が通るまで焼く。皿に盛り、キャベツとミニトマトを添える。

盛り上がること間違いなし！ 最強の肉レシピ

おつまみレシピ

主食レシピ

チーズレシピ

豚肉ともやしの
ポン酢炒めラー油がけ

ピリ辛とさっぱりの最高のコラボレーション！

いいね♥
5.8万件

材料 1人分

豚バラ薄切り肉 …… 200g
もやし …… 1/2袋
サラダ油、ポン酢しょうゆ、ラー油 …… 各適量
青ねぎ（小口切り）…… ひとつかみ

作り方

1 具材を炒める

豚肉は食べやすい大きさに切る。
フライパンにサラダ油をひいて熱
し、豚肉ともやしを入れて軽く火
が通るまで炒める。

2 調味料で味つけする

ポン酢しょうゆをかけて炒め合わ
せたら、ラー油をフライパン1周ま
わしかける。青ねぎをちらす。

バーソロ's POINT

ポン酢しょうゆが中和してくれるの
で、ラー油は思い切ってたくさん
かけてください！
青ねぎもたっぷりがおすすめ！

動画はこちらを
CHECK！

45

塩とレモンって合いますよね! (👍👍^ω^)👍👍

ごはん12杯食べられる 豚肉のねぎ塩レモン炒め

青空の下で爽やかなレモンの風味を感じよう!

いいね♥ 2.6万件

材料 2人分

豚バラ薄切り肉 …… 200g
長ねぎ …… 1本
レモン …… 1/2個
塩 …… 小さじ1
サラダ油、粗びき黒こしょう
　…… 各適量

作り方

1 具材を切って炒める

豚肉は食べやすい大きさにし、長ねぎは薄切りにする。フライパンにサラダ油をひいて熱し、豚肉と長ねぎを炒める。

2 調味料で味つけする

塩、黒こしょうをふり、レモンを手でしぼりかけて炒め合わせる。

バーソロ's POINT
レモン果汁は生を手でしぼるのが一番ですが、手に入らなければ市販のボトルタイプのものでもOK!

動画はこちらをCHECK!

ブロッコリーと豚肉のゆずこしょう炒め

ゆずこしょうは入れすぎかと思うくらい豪快に入れて！

材料 2人分

豚バラ薄切り肉 …… 200g

ブロッコリー（冷凍）…… 100g

ゆずこしょう（チューブ）
…… 大さじ1と1/2

サラダ油、ポン酢しょうゆ
…… 各適量

作り方

1 具材を切って焼く

豚肉は食べやすい大きさに切る。フライパンにサラダ油をひいて熱し、豚肉とブロッコリーを炒める。

2 調味料で味つけする

肉に火が通ったら、ゆずこしょう、ポン酢しょうゆを加えて炒め合わせる。

いいね♥ 2.6万件

バーソロ's POINT

ゆずこしょうの量はお好みで調節してくださいね。
豚こま切れ肉や鶏肉で作っても美味しいですよ。

動画はこちらをCHECK！

盛り上がること間違いなし！ 最強の肉レシピ

作ってみました！めちゃくちゃ美味しかったです！(*´ω`*)

おつまみレシピ

主食レシピ

チーズレシピ

お店開けるレベルですね!美味しそうです!

川でやる意味はないけど超うまいカツ丼

いいね♥ 3.6万件

しいて言えば外で食べる熱々のカツ丼は涙が出るほどうまい

材料 1人分

豚ロース肉 …… 1枚

溶き卵 …… 1個分

玉ねぎ …… 1/4個

塩、こしょう、薄力粉、パン粉、
　サラダ油、青ねぎ（小口切り）
　…… 適量

和風だしの素（顆粒）
　…… 小さじ2

水 …… 大さじ2

ごはん（レトルト）
　…… 1個（180g）

作り方

1 トンカツを作る

豚肉に塩、こしょう、薄力粉、パン粉の順でまぶし、フライパンで揚げ焼きにする。

2 卵でとじる

別のフライパンに半月切りにしてくずした玉ねぎ、和風だしの素、水を入れて煮る。火が通ったら食べやすく切ったトンカツを入れ、卵を流し入れて青ねぎをちらす。器に温めたごはんを盛り、上にのせる。

バーソロ's POINT

トンカツは少量の油でも焚き火の高温ならカラッと揚がります！ 使い終わった油はビンなどに入れるか、凝固剤で固めるなどして必ず持ち帰ってね！

 動画はこちらをCHECK！

鶏むね肉ソテー
～ゆずこしょうマヨを添えて～

ただ肉を焼いただけなのにまるでフレンチのよう！

いいね♥
1.6万件

材料 2人分

鶏むね肉 …… 1枚（200g）

ゆずこしょう、マヨネーズ
…… 各大さじ1

オリーブオイル、粗びき黒こしょう
…… 各適量

バーソロ's POINT

ほかにもグリル野菜やサンドイッチにも使えるゆずこしょうマヨ。たくさん作っていろいろな料理を試してしてみてください！

作り方

1 肉を焼く

フライパンにオリーブオイルをひいて熱し、鶏肉を入れてフタをして両面こんがりと焼く。途中で裏返しながら中まで火を通す。

2 盛りつける

鶏肉を食べやすく切り、器に盛る。まぜ合わせたゆずこしょうとマヨネーズのソースをかけ、黒こしょうをふる。

動画はこちらをCHECK！

オニオン刻んでソースに混ぜたい

いいね♥
3.3万件

手の込んだように見える
鶏肉と野菜の白ワイン煮

色鮮やかな野菜をチョイスすればおしゃれなビジュアルに！

材料 2人分

鶏もも肉 …… 200g

ブロッコリー（冷凍）
　…… 70g

ミニトマト …… 7個

じゃがいも …… 小1個

オリーブオイル、塩、粗びき
　黒こしょう …… 各適量

白ワイン …… 1/2カップ

作り方

1 具材を切って並べる

鶏肉、じゃがいもをひと口大に切る。スキレットにオリーブオイルをひいて熱し、外側からじゃがいも、ブロッコリー、鶏肉の順に並べ、じゃがいもの上にへたを取ったミニトマトをのせる。

2 白ワインで煮込む

白ワインを入れ、塩、黒こしょうをふったらフタをして5〜7分、肉に火が通るまで煮込む。仕上げに再度黒こしょうをふる。

バーソロ's POINT

具材を入れて待つだけと超お手軽ですが、ミニトマトとブロッコリーの色が鮮やかなので映えますね！　僕はこれにさらにピザ用チーズをたっぷりのせて食べたりもします！

動画はこちらを
CHECK！

卵はみ出ちゃって盛りつけの時取り除いてるのねwww

フランスの伝統料理風 赤玉ねぎと鶏肉の卵焼き

いいね♥
1.9万件

フランス風だけど味つけにしょうゆも入れよう www

材料 1〜2人分

鶏もも肉 …… 100g

赤玉ねぎ …… 1/3個

溶き卵 …… 1個分

塩 …… 少々

オリーブオイル、しょうゆ、
　粗びき黒こしょう、
　ドライパセリ …… 各適量

バーソロ's POINT
フランスにこういう伝統料理があるかはわかりませんが、僕はこの料理をそれっぽく「パステッリーニ」と名づけています!

作り方

1 具材を切って炒める

鶏肉はひと口大に切り、赤玉ねぎは横に厚めに切る。フライパンにオリーブオイルをひいて熱し、鶏肉と赤玉ねぎを炒める。しょうゆ、塩をふってまぜ合わせる。

2 卵を加えて焼く

鶏肉に火が通ったら鶏肉と赤玉ねぎを円状に並べ、真ん中に溶き卵を流し入れる。フタをして卵に火を通し、皿に盛って黒こしょう、パセリをふる。

 動画はこちらをCHECK!

アスパラベーコンと
エリンギトマトのしょうゆ炒め

この4食材を組み合わせて、美味しくならないわけがない！

いいね♥
1.7万件

材料 1人分

グリーンアスパラガス
　　…… 3〜4本

ベーコン（角切り）…… 50g

ミニトマト …… 8個

エリンギ …… 1本

塩 …… 少々

オリーブオイル、粗びき黒こしょう、
　しょうゆ …… 各適量

バーソロ's POINT

ミニトマトは中が熱くなってる
から食べるときは注意してね！
お好みでバターを加えても絶
対うまいです！

作り方

1 具材を切る

エリンギは薄切りにし、アスパラガス
は根元のかたい部分の皮を削いで
食べやすい長さに切る。

2 具材に焼き色をつける

フライパンにオリーブオイルをひいて
熱し、アスパラガス、エリンギ、ベー
コン、ミニトマトの順に炒める。全
体に焼き色がついたら塩をふり、しょ
うゆをまわしかけて炒め合わせたら、
黒こしょうをふる。

 動画はこちらをCHECK！

エリンギ、、、、、(*´ω`*)
少し焦げがある方がう
まい、、、、、

53

ウィンナーの量多！！でも美味そう
(●´∇`●)ﾁｮｰﾀﾞｲ((

いいね♥
7.8万件

ソーセージと野菜の甘辛ソース炒め

トマトケチャップとコチュジャンの甘辛さがクセになる！

材料 1～2人分

ソーセージ …… 小15本

パプリカ（黄）、玉ねぎ
　　　…… 各1/2個

サラダ油 …… 適量

【ソース】

トマトケチャップ
　　　…… 大さじ1と1/2

コチュジャン、オイスターソース
　　　…… 各大さじ1

砂糖 …… 少々

作り方

1 具材を切って焼く

玉ねぎは横に細切りにし、パプリカはひと口大に切る。フライパンにサラダ油をひいて熱し、ソーセージ、玉ねぎ、パプリカを入れて焼き色がつくまで焼く。

2 ソースを合わせる

まぜ合わせたソースをかけて炒め合わせる。

バーソロ's POINT

見た目は赤いですが、トマトケチャップの赤色もあるのでそんなに辛くはないです。辛いのが好きな方はコチュジャンの量で調節してくださいね！

動画はこちらをCHECK！

OUTDOOR COOKING #3

これがなきゃ
はじまらない！

絶品のおつまみレシピ

キャンプの醍醐味はみんなで
ワイワイ楽しく飲んで食べること！
うま〜いつまみがあればお酒も会話も進んで、
また何か食べたくなるの無限ループ www
盛り上がること間違いない絶品のおつまみを
教えちゃいます（ちなみに僕はソロキャンプ……）！

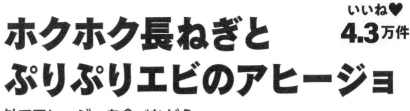

ホクホク長ねぎと ぷりぷりエビのアヒージョ

いいね♥ **4.3万件**

外でアヒージョを食べながら
ワインを飲むという最上の贅沢！

材料 作りやすい分量

オリーブオイル …… 1カップ
エビ（冷凍）…… 1袋（約15尾）
長ねぎ …… 1本

にんにく …… 1かけ
塩、粗びき黒こしょう、
　　　フランスパン …… 各適量

作り方

1 下ごしらえをする

にんにくはみじん切りに、長ねぎは3cmの長さに、フランスパンは食べやすい厚さに切る。エビは解凍しておく。

2 ねぎを並べる

スキレットにオリーブオイルを入れて熱し、**1**のにんにくを加え、長ねぎを縁にそって並べ入れる。

3 味つけする

エビを入れ、火が通ったら塩、黒こしょうをかける。フランスパンを添えて食べる。

バーソロ's POINT

アヒージョはオリーブオイルをたくさん使いますが、フランスパンにつけて食べきってしまえば、あと片づけがラクですよ！

動画はこちらを
CHECK！

川で食べる鮭ときのこのポン酢ソテー

川で素手でとった鮭ときのこをその場で調理！
（一部脚色しています）

NEW RECIPE

材料 1人分

生鮭（切り身）…… 1切れ
しめじ …… 適量
塩 …… 少々

サラダ油、酒、ポン酢しょうゆ
…… 各適量

作り方

1 下ごしらえをする
しめじは石づきを取り、ほぐす。

2 鮭を焼く
フライパンにサラダ油をひいて熱し、鮭を入れて塩、酒をふり、鮭の両面をこんがりと焼く。

3 ポン酢で味つけする
フライパンのあいたところににしめじを加え、ポン酢しょうゆをかけてしめじに火を通す。

バーソロ's POINT
鮭を焼くときに酒（ダジャレじゃないよ）が少なすぎると焦げつきやすくなるので、気持ち多めに入れておくのがおすすめです！

BEST
10

肉レシピ

これがなきゃはじまらない！ 絶品のおつまみレシピ

主食レシピ

チーズレシピ

おれもチーズとネギは好きだけどその組み合わせいけるんだ…

マグロのステーキ缶詰の簡単アレンジ

そのまま食べるより100倍うまくなる缶詰アレンジ！

いいね♥
2.8万件

材料 1人分

マグロのステーキ缶詰 …… 1缶
サラダ油、ピザ用チーズ、
　青ねぎ（小口切り）
　　　…… 各適量

作り方

1 缶詰の中身を焼く
フライパンにサラダ油をひいて熱し、マグロを缶汁ごと入れて軽く焼く。

2 トッピングをする
チーズをのせてフタをし、チーズが溶けたら青ねぎをのせる。

バーソロ's POINT
チーズとねぎが好きすぎて缶詰にものせちゃいましたが、やっぱりめちゃくちゃ合います。

動画はこちらをCHECK！

焚き火で熱々！
缶詰焼き鳥のねぎチーズのせ

簡単すぎて泣けてくる究極おつまみ

材料 1人分

焼き鳥缶詰 …… 1缶

青ねぎ（小口切り）、ピザ用チーズ
…… 各適量

作り方

1 缶詰を焼く

焚き火に金網を置いてフタをはずした焼き鳥缶詰をのせ、チーズと青ねぎをかけたら、チーズが溶けるまで熱する。

バーソロ's POINT

缶詰は熱くなっているので、食べるときはトングなどを使って持ち、ヤケドに注意してくださいね。

フライパンからベーコンが溢れて止まりません
一回でもいいから作ってみたいランキング1位!
TRADE MARK

はみ出すうまさ！
卵のベーコン包み

ミニスキレットで作る豪快な男の料理！

材料 1人分

ベーコン（長めのもの）…… 8枚
卵 …… 2個
粗びき黒こしょう、ドライパセリ …… 各適量

これがなきゃはじまらない！ 絶品のおつまみレシピ

作り方

1 ベーコンを敷き詰める

スキレットにベーコンを放射状に並べて
敷き詰め、卵を割り入れる。

2 包んで焼く

スキレットを火にかけ、ベーコンが焼け
てきたら内側に折って包む。卵が半熟
になるまで焼いたら、黒こしょうとパセリ
をふる。

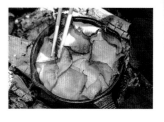

バーソロ's POINT

スキレットからはみ出したベー
コンが焦げることもあるので、
焦がしすぎにはご注意を。
ビールとの相性が最高の1品
です！

動画はこちらを
CHECK！

美味しそうで思わず見入ってしまいました😊😊❓😊😊

いいね♥ 2.1万件

たこ焼き鉄板 de ベーコンエッグ

大阪では一家に一台あるという (?) たこ焼き鉄板で一度に大量生産！

材料 作りやすい分量

ベーコン (ハーフ)
…… 8〜10枚

溶き卵 …… 2個分

塩 …… 少々

粗びき黒こしょう、ドライパセリ
…… 各適量

にんにくチップ …… 2〜3枚

作り方

1 ベーコンをセットする

たこ焼きの鉄板にベーコンを1枚ずつ丸めて入れ、火にかける。

2 卵を入れて仕上げる

溶き卵を流し入れて火を通し、塩、黒こしょう、パセリをふってにんにくチップをちらす。

バーソロ's POINT

あとから卵を流し込んだときに卵が流れ出ないように、ベーコンはすき間なく敷き詰めましょう！

動画はこちらをCHECK！

シンプルにきゅうりのベーコン巻き

ベーコンを巻いて焼くだけの超時短おつまみ！

いいね♥
3.6万件

材料 1人分

きゅうり …… 2本
ベーコン（ハーフ）…… 10枚
サラダ油 …… 適量
しょうゆ、塩、粗びき黒こしょう
　　…… 各適量

作り方

1 下ごしらえをする

きゅうりは3cmの長さに切り、1枚ずつベーコンを巻く。

2 具材を焼く

フライパンにサラダ油を熱し、**1**の巻き終わりを下にして並べる。ベーコンがこんがりと焼けたら、しょうゆ、塩、黒こしょうで味つけする。

バーソロ's POINT

黒こしょうはちょっと多めにふりかけるのがポイント。黒こしょうが効いて、ホクホクのきゅうりと相性バツグン！

動画はこちらをCHECK！

あったかいきゅうり苦手でしたがこれ見てやってみたくなりました

肉レシピ

これがなきゃはじまらない！ 絶品のおつまみレシピ

主食レシピ

チーズレシピ

なんて贅沢なんだ!こんな外飯最高だな!今度バーベキューでやろ!

いいね♥
4.5万件

ベーコントマトの焼きなす巻き

野菜を食べたいときは野菜でベーコンを巻いてしまえばうまくなる!

材料 1人分

なす …… 1/3本

ミニトマト …… 1個

スライスチーズ …… 1枚

厚切りベーコン …… 2枚

オリーブオイル、粗びき黒こしょう
　　…… 各適量

作り方

1 材料を焼く

なすは縦に薄切りにし、ミニトマトとチーズは半分に切る。フライパンにオリーブオイルをひいて熱し、なすとベーコンを両面に焼き色がつくまで焼く。トマトも軽く焼く。

2 なすで巻く

なすの真ん中にベーコン、チーズ、トマトを1つずつのせ、両端をたたんで黒こしょうをふる。

バーソロ's POINT

野菜のうま味をシンプルに味わえるように、あえて味つけは黒こしょうだけにしてみました。

動画はこちらをCHECK!

ねぎしょうがで食べる 焼き厚揚げ

あぶり焼きにした厚揚げを青ねぎとしょうがでさっぱりいただく！

材料 1人分

厚揚げ …… 1枚

サラダ油 …… 少々

しょうゆ、青ねぎ (小口切り)、
　おろししょうが (チューブ)
　…… 各適量

作り方

1 厚揚げを焼く

金網に少しサラダ油をぬって焚き火に設置し、厚揚げをのせて両面を表面がカリッとするまで焼く。おろししょうがと青ねぎをのせ、しょうゆをまわしかける。

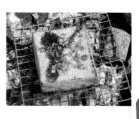

バーソロ's POINT

ペーパータオルなどにサラダ油を含ませて金網にぬっておくと、厚揚げがくっつきにくくなります！

動画はこちらをCHECK！

お腹すいた時、参考にさせてもらってます笑

玉ねぎステーキの
ベーコンしょうゆ

いいね♥
17万件

BBQのときの玉ねぎにはぜひベーコンをのせてみて！

材料 作りやすい分量

玉ねぎ …… 1/2個

ベーコン …… 50g

オリーブオイル、しょうゆ、塩、粗びき黒こしょう …… 各適量

作り方

1 材料を切る

玉ねぎは1cm厚さの輪切りにし、ベーコンは1cm角に切る。

2 玉ねぎを焼く

フライパンにオリーブオイルをひいて熱し、玉ねぎを並べて両面をこんがりと焼いたらしょうゆをまわしかける。

3 ベーコンも焼く

フライパンのあいたところにベーコンを入れて火を通し、玉ねぎの上にのせる。塩、黒こしょうをふる。

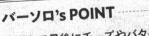
バーソロ's POINT
お好みで最後にチーズやバターをのせて焼いても美味です！玉ねぎが熱々のうちにめしあがれ〜！

動画はこちらをCHECK！

美味しそう＼(・∀・)！
よだれが止まらない
なぁ〜

シャキッ！ ホクッ！
長いものバターしょうゆ焼き

いいね♥
2.6万件

バター×しょうゆの最強タッグで即席おつまみが激うまっ！

材料 1人分

長いも …… 4cm
バター …… 10g
しょうゆ …… 適量

作り方

1 長いもを焼く

長いもは5mm厚さの輪切りにする。フライパンにバターを溶かして長いもを並べ、両面に焼き色がつくまで焼いたら、しょうゆをまわしかけて軽く炒める。

バーソロ's POINT

長いもは意外とすぐに火が通るので、めちゃくちゃ短時間でできあがります！ホクホクの長いもにバターしょうゆが合いすぎる！

動画はこちらをCHECK！

ガーリック＆ソルト＆ペッパーの じゃがバター

BBQの定番、じゃがバターはシンプルに食べるのが一番！

材料 1人分

じゃがいも ……1個
塩、粗びき黒こしょう、
　ガーリックチップ ……各適量
バター ……10g

バーソロ's POINT

焼く前にじゃがいもに十字の
切り目を、切り離さない程度
に深く入れておくと、火が通
りやすく、食べやすいですよ！

作り方

1 じゃがいもを焚き火で焼く

じゃがいもに十字に切り目を入れ、
アルミホイルに包んで焚き火で10分
ほど火が通るまで焼く。器に盛り、
バターと調味料をかける。

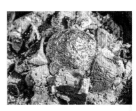

動画はこちらをCHECK！

毎回美味しい動画をあり
がとうございます！個人的
にミソとキムチも合うと思
います！(๑•̀ㅂ•́)و✧

いいね♥ **3.4**万件

もやしとニラだけの 簡単チヂミ

材料をまぜて焼くだけだから誰でも簡単にすぐできる！

材料 1～2人分

もやし …… 100g

ニラ …… 30g

卵 …… 1個

水 …… 60～70ml

薄力粉 …… 70g

片栗粉 …… 25g

鶏がらスープの素（顆粒）
…… 小さじ1

【たれ】

しょうゆ、酢 …… 各適量

ラー油 …… 少々

作り方

1 材料をまぜる

ニラは3cmの長さに切る。たれ以外の材料をすべてボウルに入れ、よくまぜ合わせる。

2 フライパンで焼く

フライパンにサラダ油（分量外）をひいて熱し、*1*を入れて両面をしっかりと焼く。食べやすく切り、まぜ合わせたたれにつけて食べる。

バーソロ's POINT

酢じょうゆは僕的には1:1がベストなバランスだと思います。ポン酢しょうゆでも代用OK！ 豆板醤を入れて辛みをプラスしても美味しいよ！

動画はこちらを
CHECK！

ベーコンとチーズという神コラボはもちろんやけどそれを使いこなしてるのが凄い!

ベーコン&チーズのじゃがサンド

材料3つで超絶うまいアウトドア飯に!

いいね♥
12万件

材料 2個分

じゃがいも …… 1個
ベーコン(ハーフ) …… 4枚
スライスチーズ …… 2枚
塩 …… 少々
オリーブオイル、粗びき黒こしょう
　　…… 各適量

作り方

1 じゃがいもを焼く

じゃがいもは1cmの厚さの輪切りにする。フライパンにオリーブオイルをひいて熱し、じゃがいもの片面をこんがりと焼く。

2 ベーコンを焼いてはさむ

じゃがいも2枚をフライパンの端に寄せ、あいたところにベーコンを入れ、塩、黒こしょうをふってカリカリに焼く。じゃがいもに火が通ったら、ベーコンと半分に折ったチーズをはさむ。

バーソロ's POINT

ベーコンの熱でチーズがとろ〜っととろけて絶品!
じゃがいもは食感が残っていたほうが美味しいので、熱しすぎには注意!

動画はこちらをCHECK!

ボリューム
満点！

大満足の主食レシピ

体をたくさん動かして、
自然とふれあうキャンプはいつもより腹が減る〜！
そんなときはがっつり飯しかないでしょ。
定番のアウトドア料理から意外なメニューまで
楽しいラインナップをそろえました。
簡単なので朝ごはんにもおすすめです！

鶏ささみの 絶品トマトチキンカレー

外で食べるカレーってなんでこんなにうまいんだろう!?

材料 2～3人分

鶏ささみ …… 3本
玉ねぎ …… 1/2個
パプリカ（黄）…… 1個
水 …… 1/2カップ
トマト水煮缶詰
　　…… 1缶（400g）

カレールウ …… 1かけ
バター …… 10g
塩、こしょう、サラダ油、
　ドライパセリ …… 各適量
ごはん（レトルト）
　　…… 1個（180g）

作り方

1 具材を煮込む

鶏肉はひと口大に切る。玉ねぎはくし形切り、パプリカは食べやすい大きさに切る。鍋にサラダ油をひいて熱し、具材を入れ、塩、こしょうをふって炒める。軽く火が通ったら水を加えて4～5分煮込む。

2 味つけする

トマト缶を加えてさらに2～3分煮込み、カレールウを加えて煮溶かし、バターを加えて軽くまぜる。熱湯（分量外）で温めたごはんを器に盛り、カレーをかけてパセリをふる。

バーソロ's POINT

最後にバターを入れることでコクを増しています。
あまりの美味しさに涙が出た絶品カレーです。

動画はこちらを
CHECK！

豪快! 森感あふれる 鮭チャーハン

鮭と卵とかいわれ大根の
鮮やかな色合いがまるで森の中のよう!

材料 2~3人分

ごはん (レトルト)
　…… 1個 (180g)
塩鮭 (切り身) …… 1切れ
かいわれ大根 …… 1パック

溶き卵 …… 1個分
塩、粗びき黒こしょう、しょうゆ、
　オリーブオイル …… 各適量

作り方

1 鮭を焼く

フライパンにオリーブオイルをひいて熱し、鮭を入れて両面がカリカリになるまで焼く。いったん取り出し、半分に切る。

2 卵とごはんを炒める

フライパンに多めのオリーブオイルを入れて熱し、溶き卵を加えて半熟になるまで焼く。ごはんを入れてパラパラになるように切りながらまぜる。

3 調味料で味つけする

塩、こしょうをふり、1の半量の鮭の身をほぐしながら加えて炒め合わせる。しょうゆ、根元を切ったかいわれ大根を加えてさらに炒める。深めの器に1の残りの鮭を入れてチャーハンを詰め、皿をかぶせてひっくり返す。

バーソロ's POINT

インパクトのある盛りつけになるよう、鮭の半分はそのまま残しておきました。鮭の塩味が効いているので、味つけは軽くでOK!

動画はこちらを
CHECK!

ボリューム満点！ 大満足の主食レシピ

ぷりぷりエビとイカの海鮮チャーハン

シーフードミックスを使って海の幸をお手軽に！

BEST
10

肉レシピ

おつまみレシピ

ボリューム満点！ 大満足の主食レシピ

チーズレシピ

材料 1人分

シーフードミックス
（今回はイカとエビ） …… 1袋
ごはん（レトルト）
…… 1個（180g）

青ねぎ（小口切り）
…… 適量
塩、粗びき黒こしょう、しょうゆ、
サラダ油 …… 各適量
溶き卵 …… 1個分

作り方

1 具材を炒める

フライパンにサラダ油をひいて熱し、シーフードミックスを入れて軽く火を通したら、いったん取り出す。

2 卵とごはんを炒める

再度フライパンにサラダ油を多めに足して熱し、溶き卵を入れて半熟になるまで焼いたら、ごはんを加えてしっかりと炒め合わせる。

3 調味料で味つけする

塩、黒こしょうを加えてまぜ、シーフードミックスと青ねぎを加えてさらによく炒め合わせる。しょうゆをまわしかけて軽くまぜる。

バーソロ's POINT

川で料理してるのに海の幸を使うという荒業（笑）。
シーフードミックスさえあればどこでもできるよ！

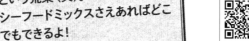

動画はこちらを
CHECK！

こんなに良い料理作ってくれてありがとうございます。☺真似したらマジで美味いっす▓カロリーは高いですけどwwwww

いいね♥
8.9万件

焼きおにぎりの星形ライスバーガー

ガッツリ食べたいときにおすすめ！

材料 1人分

ごはん（レトルト）
　　…… 1個（180g）

牛ひき肉 …… 150g

溶き卵 …… 1個分

卵 …… 1個

サラダ油、ピザ用チーズ、
　焼き肉のたれ、塩、こしょう
　　…… 各適量

バーソロ's POINT
星形の型抜き器は、目玉焼きとかを作るエッグモールドのシリコン製のやつを使いました！ほかにもいろんな形があるよ！

動画はこちらをCHECK！

作り方

1 ごはんを星形に焼く
ごはんと焼き肉のたれをまぜ合わせる。フライパンにサラダ油をひいて熱し、星形の型抜き器をのせてごはんの半量を詰め、両面をこんがりと焼く。これを2枚作る。

2 卵を星形に焼く
フライパンにサラダ油をひいて熱し、型抜き器に溶き卵を流し入れて火が通るまで焼き、**1**の片方に重ねる。

3 さらにほかの具材を重ねる
フライパンにサラダ油を足して熱し、星形の型抜き器に牛肉を詰めて両面をしっかりと焼いたら**2**に重ねる。同様に型抜き器にチーズを詰めて溶かした焼きチーズと、型抜き器に卵を割り入れて焼いた目玉焼きをハンバーグの上に重ねて、**1**の残りではさむ。

自然に囲まれた中で作る
シンプルな雑炊

いいね♥ 2.4万件

これを食べれば「今日もいい一日だった……」と思えること間違いなし

材料 2人分

ごはん（レトルト）
…… 1/2個（90g）

青ねぎ（小口切り）、しょうが
…… 各適量

水 …… 150ml

白だし …… 大さじ3

溶き卵 …… 1個分

バーソロ's POINT

しょうがが効いていて、寒いときはあったまります！
先に豆腐や野菜などの具材を入れて鍋にしても◎。

作り方

1 スープを作る

鍋に水、白だし、薄切りにしたしょうがを入れ、沸騰させる。

2 ごはんと卵を入れる

1にごはんを加えてほぐし、溶き卵を加えてまぜる。軽く火が通ったら青ねぎをちらす。

 動画はこちらをCHECK！

鍋の後の雑炊って最高に美味しいですよね…

83

カルボナーラ風
クリームスープスパ

【注目】スパゲティは水でゆでずに牛乳でゆでるべし！

材料 1個分

スパゲティ
…… 1人分（約100g）
ベーコン（角切り・カット済み）
…… 適量
玉ねぎ …… 1/4個

A ┌ 牛乳 …… 200〜250ml
　│ バター …… 10g
　│ コンソメスープの素（顆粒）
　└ …… 20g
オリーブオイル、粉チーズ、
　粗びき黒こしょう …… 各適量
卵黄 …… 1個分

作り方

1 具材を炒める

玉ねぎを薄切りにする。スキレットにオリーブオイルをひいて熱し、玉ねぎ、ベーコンを軽く炒め、Aを加える。

2 スパゲティをゆでる

半分に折ったスパゲティを加え、フタをしてスパゲティの袋の表示通りの時間煮る。黒こしょうと粉チーズをかけ、卵黄をのせる。

バーソロ's POINT

牛乳の量はスキレットの半分くらいを目安に、サイズによって調節してください。あまり入れすぎるとあふれるので注意！
（僕は失敗してあふれました……）

動画はこちらを
CHECK！

これ見たらお腹3回
もなった笑

トマト缶で作る
昔ながらのナポリタン

洋食屋さんのナポリタンをアウトドアで再現

材料 1人分

スパゲティ
　……　1人分（約100g）

玉ねぎ ……　1/2個

ピーマン ……　1個

ソーセージ ……　3本

A｛
トマト水煮缶詰
　……　1缶（400g）

トマトケチャップ
　……　大さじ2

コンソメスープの素（顆粒）
　……　小さじ2

水、サラダ油、塩、こしょう
　……　各適量

粉チーズ（お好みで） ……　各適量

作り方

1 下ごしらえをする

スパゲティは袋の表示通りの時間より1分ほど短くゆでる。玉ねぎとソーセージはななめ切りに、ピーマンは細切りにする。

2 具材を炒める

スキレットにサラダ油をひいて熱し、1の具材、塩、こしょうを入れて炒める。

3 味つけする

火が通ったらAを加えて軽く煮込み、1のスパゲティを加えてまぜ合わせる。器に盛り、粉チーズをふる。

動画はこちらをCHECK！

バーソロ特製うますぎる塩ラーメン

中華そばさえあればスープの素なんていらないぜ！

材料 1人分

中華そば …… 1袋

豚バラ薄切り肉 …… 50g

かいわれ大根 …… 1/2パック

レモン …… 1/2個

水 …… 500ml

A┌ 鶏がらスープの素（顆粒）
 │   …… 大さじ2
 │ おろしにんにく、塩
 └   …… 各小さじ1

粗びき黒こしょう …… 適量

作り方

1 豚肉を焼く

フライパンにサラダ油をひいて熱し、豚肉をカリカリに焼く。

2 麺をゆでる

鍋に水を入れて沸騰させ、中華そばを袋の表示時間より1〜2分少なめにゆで、Aを加えてまぜる。

3 具をのせる

1とかいわれ大根をのせて黒こしょうをふり、レモンをしぼりかける。

バーソロ's POINT

豚肉はカリカリに焼くと香ばしさがアップしてGOOD！ スープの素がなくても超美味しいラーメンが簡単にできますよ！

うまそー食べたいなぁー
川で食べるともっと、う
まいんだろうなぁー

フライパンひとつでできる
キムチ焼きうどん

いいね♥
2万件

キャンプの昼ごはんをパパッと作りたいときに

材料 1人分

うどん（ゆで） …… 1玉
白菜キムチ …… 1パック（200g）
サラダ油、青ねぎ（小口切り）
　　…… 各適量

A ┌ 鶏がらスープの素（顆粒）
　│　…… 小さじ1
　└ 水 …… 50ml

作り方

1 うどんをほぐす

フライパンにサラダ油をひいて熱し、うどんを入れて軽くほぐしたら、合わせておいたAを加えてよくまぜる。

2 キムチとまぜる

キムチを加えてしっかりまぜ合わせ、皿に盛って青ねぎをちらす。

バーソロ's POINT

今回は具材をキムチだけとシンプルにしましたが、先に豚バラ肉やカット野菜を炒めてからうどんを入れてもさらに美味しいです！

動画はこちらをCHECK！

明日の朝食に〜ベーコンエッグトースト〜

キャンプの朝ごはんはこれで決まり！

材料 1人分

食パン …… 1枚

ベーコン（角切り）…… 50g

溶き卵 …… 1個分

サラダ油、塩、粗びき黒こしょう、
　　ドライパセリ …… 各適量

作り方

1 ベーコンを焼く

フライパンにサラダ油をひいて熱し、ベーコンを入れて火を通し、塩、黒こしょうで味をつける。

2 具を食パンにのせる

卵を加えて火を通しながら形をととのえ、食パンにのせてパセリをふる。

バーソロ's POINT

卵を入れたら食パンの大きさに合わせて形をととのえると、あとから食パンにのせやすくなります！

動画はこちらをCHECK！

めちゃくちゃ美味しそう(๑•ω•๑)/"♡いつも思うけど、美味いポイント😋おさえてるよね〜〜♪

絶対美味しい組み合わせ😊❗

ボリューミーやん
美味しそー😍

ベーコンチーズレタスエッグ

BCLE マフィン
#全部好っきゃねん

好きなものをはさむだけの至福バーガー！

材料 **1人分**

マフィン	…… 1個	サラダ油	…… 適量
ベーコン	…… 6枚	卵	…… 1個
スライスチーズ	…… 2枚	トマトケチャップ、マスタード	
レタス	…… 2枚		…… 各適量

作り方

1 ベーコンを焼く

マフィンを2等分に切る。マフィンの片面にレタス1枚分をちぎってのせる。フライパンにサラダ油をひいて熱し、ベーコン3枚をこんがりと焼いてチーズ1枚をのせ、チーズが溶けたらレタスの上に重ねる。

2 目玉焼きとレタスを重ねる

フライパンにサラダ油を足して卵1個を割り入れ、目玉焼きを作って**1**に重ねる。その上にレタス1枚分をちぎって重ね、トマトケチャップと粒マスタードをかける。

3 ベーコンチーズを重ねる

フライパンにサラダ油を足して残りのベーコンをこんがりと焼き、その上にチーズ1枚をのせ、チーズが溶けたら**2**の上に重ねてマフィンではさむ。

バーソロ's POINT

ベーコンをカリッと焼くことで食感が出て最高にうまくなります！チーズは少しだけとろけさせるのがポイント！

動画はこちらをCHECK！

川で作るのもすごいけど料理のセンスもすごいです。

いいね♥
1.7万件

卵と玉ねぎとソーセージのサンドウィッチ

【朗報】卵を焼いてパンにはさめばなんでも美味しい件

材料 1人分

食パン …… 2枚
玉ねぎ …… 1/4個
ソーセージ …… 2本
溶き卵 …… 2個分
塩、粗びき黒こしょう、
　オリーブオイル、ドライパセリ
　…… 各適量

作り方

1 具材を炒める

玉ねぎは横に厚めに切り、ソーセージはななめ薄切りにする。フライパンにオリーブオイルをひいて熱し、玉ねぎとソーセージを入れ、塩、黒こしょうをふって全体に火が通るまで炒める。

2 食パンにのせる

溶き卵を入れてまぜ合わせ、耳を切り落とした食パンではさむ。食べやすく切ったら皿に盛り、パセリをふる。

バーソロ's POINT

食パンはフライパンで軽く焼いて焼き目をつけるとより香ばしくて◎。具材がパンにのり切らなかったらそのまま食べても美味。

動画はこちらをCHECK！

世界一簡単なフレンチトースト

材料はたったの4つ！ 超絶簡単なのにふわっふわ！

いいね♥
7.2万件

材料 1人分

食パン …… 1枚
卵 …… 2個
ざらめ …… 大さじ1
バター …… 10g

作り方

1 下ごしらえする
ボウルに卵を溶き、ざらめを加えてよくまぜる。食パンを4等分にし、卵液にひたす。

2 パンを焼く
フライパンにバターを入れて溶かし、パンを両面こんがりと焼く。

バーソロ's POINT
ざらめを使ったほうがコクが出るので今回はざらめで作っていますが、白砂糖で代用してもOKです！

動画はこちらをCHECK！

作ってみたらうまく作れて美味しかったです!!お手本になりましたー!!

主食に合わせるもう1品!
外で食べるあったかスープ

ごはんがあったら、汁ものも1品ほしいな……。
夏でも冬でも川でキャンプをしている僕ですが、朝晩はやっぱり寒い!
キャンプやBBQで冷えた体も、焚き火とスープであったまろ!

玉ねぎ丸ごと1個使ったコンソメスープ
味しみしみの玉ねぎで体も心もあったまる〜!

NEW RECIPE

バーソロ's POINT

玉ねぎには切り離さない程度に深めに切り込みを入れておくと、火が通りやすく味がしみ込みますよ!小鍋で1人分作ってそのまま食べるのが洗いものも少なくてラク!

材料 1人分

玉ねぎ …… 1個
ベーコン …… 1枚
水 …… 300ml
コンソメスープの素（顆粒）
　　…… 小さじ1
粗びき黒こしょう、ドライパセリ
　　…… 各適量

作り方

1 具材を下ごしらえする

玉ねぎに十字に切り込みを入れる。ベーコンは食べやすい大きさに切る。

2 小鍋で煮る

小鍋に水を入れて沸騰させ、玉ねぎ、ベーコン、コンソメスープの素を加えてフタをし、15分ほど玉ねぎがやわらかくなるまで煮込む。仕上げに黒こしょうとパセリをふる。

バーソロ's POINT

ミネストローネは野菜とトマト缶を鍋にぶち込み、ローリエを入れるだけで本格的な味になります！ 簡単でうまいからやってみてね！

野菜も摂れて健康的！ 本格ミネストローネ

NEW RECIPE

一度にたくさん作れる屋外料理のお助け品！

材料 作りやすい分量

玉ねぎ …… 1/2個

じゃがいも …… 1個

ベーコン …… 2〜3枚

オリーブオイル、塩、粗びき黒こしょう、
　ドライパセリ …… 各適量

A｜ トマト水煮缶詰 …… 1缶（400g）
　　水 …… 1カップ
　　コンソメスープの素（顆粒）
　　　…… 小さじ2
　　ローリエの葉 …… 1枚

作り方

1 具材を炒める

鍋にオリーブオイルをひいて熱し、ベーコンとそれぞれ1cm角に切った玉ねぎ、じゃがいもを入れ、塩、黒こしょうをふって炒める。

2 具材を煮る

Aを加えてフタをし、15分ほど野菜に火が通るまで煮る。器に盛り、パセリをふる。

COLUMN #2
バーソロミュー・ブックを知る
Q&A キャンプ＆屋外料理編

Q プライベートでキャンプはする？

A ほぼ動画撮影のデイキャンプ
レシピを考えるより
荷物運びが一番大変！

最近は動画を撮影するためのデイキャンプが多いですね。
レシピを考えるのも大変なのですが、川に行くときに想像を超える量の荷物があるので、それを運ぶのが一番大変かもです（笑）。

Q そもそもキャンプは好きだったの？

A キャンプのワクワク感が大好き
ソロキャンプは無心になれる

今までたくさんしたことがあるわけではありませんが、子どものころイベントや家族でキャンプに行くってなったときのワクワクする感じが好きでした。
大人数でワイワイ騒がしいキャンプも楽しいですが、ひとりで黙々と作業するソロキャンプもなかなかいいものですよ。なにもかも自分ひとりでやらなければいけないので無心になれますし、作業が終わった達成感の中、自然の音を聞きながら自分を見つめ直したり……。とにかく自然の中にいると行動のひとつひとつがハードなので集中するというか、感覚を研ぎ澄まさないとケガや事故のもとになります。食べるために火をおこしたり水をくんだり、人間の生きるための本能をキャンプでは体験できますよ。もちろんハードなものでなく、手ぶらBBQで炭火でお肉を焼くだけでも日常とは違うことを味わえるので、大人も子どもも楽しめると思います。

Q ＋αであったら便利なキャンプアイテムは？

A ちょっと小さめの鉄製フライ返し！
調理はもちろんあと片づけまで
万能アイテム

小さめのフライ返しはハンバーグなど大きめのものを裏返すときでも使えますし、ベーコンや目玉焼きを焼くときにはがすのに便利です。料理に使うのはもちろんなんですが、実はあと片づけにかなり役立ちます。鉄鍋が焦げついたら水洗いする前に焦げをフライ返しできれいにはがし、ペーパータオルで油汚れをふき取り、水ですすぐと自然を汚すことなくきれいに洗えます。100円ショップで買えるので、キャンプのお供にぜひ！

Q キャンプや屋外料理の最大の魅力は？

A 自分の好きなように作ること
自然の中で食べると断然うまい！

特にルールがなく、自分の好きなように作ってOK！「持ってくるの忘れた！」「買い忘れた！」なんてことはキャンプあるあるで、同じ味はもう二度と再現できない的な楽しみ方もありますよね。万が一、マズくてもそれがみんなの思い出になったり（笑）。なのでこの本に書いてあるレシピも参考程度に、みなさんのお好みにアレンジしちゃってください。
とにかく体をたくさん動かして腹ペコなうえ、自然の中で食べるので普段より断然うまく感じること間違いなし、です。

OUTDOOR COOKING #5

悪魔的うまさ
爆発！

とろ～りチーズレシピ

とろ～り溶けたチーズって、
なんであんなに人を惹きつけてしまうのだろう……。
チーズ自体に味があるので複雑な調理も不要、
いろいろな食材とも相性バツグンの優秀食材・
チーズの魅力がとろ～んと大爆発した人気レシピです
（熱いからヤケドには要注意）！

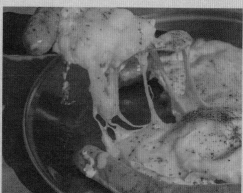

こういうのも作ってみようかな、目玉焼き作る時は横にウインナー添えるだけだったから、これだったら豪華に見える感じでいいな😊

美味しそう(*´﹃\`*)バーソロミューさんのベーコンとチーズと卵ってすごく美味しそうに見えるんだよなぁ

チーズたっぷりの 目玉焼きソーセージ

高カロリーだけどシンプルにめちゃくちゃうまい！

材料 1~2人分

ソーセージ …… 4~5本
卵 …… 1~2個
ピザ用チーズ …… 50g
ベーコン（角切り）…… 30g

バター …… 10g
塩、粗びき黒こしょう、
　ドライパセリ、オリーブオイル
　…… 各適量

作り方

1 材料を焼く

フライパンにオリーブオイルを熱し、ソーセージをパリパリになるまで焼き、ベーコンとバターを加える。バターが溶けたらソーセージをフライパンの縁に寄せる。

2 卵を加える

あいたところに卵を割り入れ、フタをして卵に火を通す。

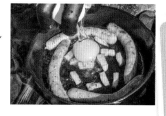

3 チーズを加えて味つけする

チーズをのせて再度フタをし、チーズが溶けたら塩、黒こしょう、パセリをふる。

悪魔的うまさ爆発！ とろ~リチーズレシピ

バーソロ's POINT

ソーセージはカリッとするまで焼くのがポイント！ 粗びきやチョリソーなど好きなタイプのソーセージで楽しんでください！

動画はこちらを
CHECK！

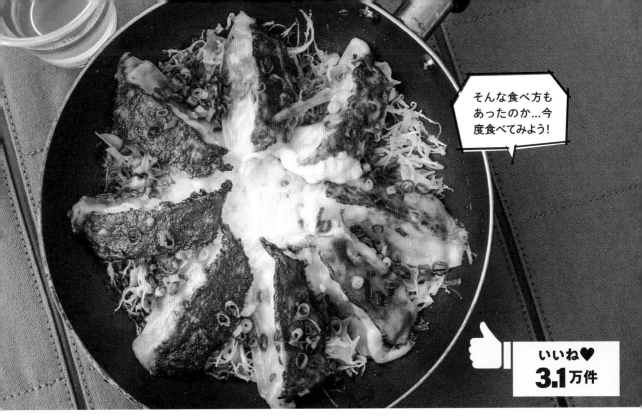

そんな食べ方もあったのか...今度食べてみよう!

うま辛! チーズタッカルビ風餃子

インスタント餃子で作るから簡単! うますぎ! チーズタッカル餃子♪

材料 2人分

餃子 (冷凍・8個入り) …… 1袋
キャベツ (せん切り・カット済み) …… 1袋
サラダ油、ピザ用チーズ、青ねぎ (小口切り) …… 各適量

【たれ】
豆板醤 …… 小さじ1
しょうゆ …… 大さじ1/2

バーソロ's POINT
お好みで辛さは豆板醤の量で調節してくださいね。餃子を辛みのあるソースで食べるとなかなかうまいですよ!

作り方

1 餃子を焼く
フライパンにサラダ油をひいて熱し、餃子を入れて片面を焼き、いったん取り出す。

2 チーズを溶かす
フライパンにキャベツを円状に敷き、その上に1を等間隔で並べたら、真ん中にチーズをたっぷりのせてフタをし、チーズが溶けるまで熱する。

3 たれをかける
まぜ合わせたたれをかけ、青ねぎをちらしてしょうゆ (分量外) を軽くまわしかける。

動画はこちらをCHECK!

ソーセージで悪魔のカリカリチーズ巻き

表面カリカリ、中はとろとろのチーズがたまらんっ！

肉レシピ

おつまみレシピ

主食レシピ

材料 1人分

ソーセージ …… 小4本

ピザ用チーズ …… 300g

サラダ油、粗びき黒こしょう
…… 各適量

バーソロ's POINT

中はとろとろにさせたいので、チーズに火が通りすぎないように、巻くときはフライパンを火から離しておこなっても◎！

作り方

いいね♥
5.6万件

1 ソーセージを焼く

フライパンにソーセージを入れ、焼き目がつくまで焼いていったん取り出す。

2 チーズで巻く

フライパンにサラダ油をひいて熱し、チーズを半量敷く。真ん中にソーセージを2本のせ、黒こしょうをふってチーズで巻く。これをもう1本作る。

動画はこちらをCHECK！

チーズ好きにとってはたまらない(´ ° ͜ʖ °`)

悪魔的うまさ爆発！ とろ〜りチーズレシピ

101

食パンで作る卵チーズパイ
〜パリの朝食風〜

卵サンドにちょっとひと工夫するだけ！
休日の朝ごはんにぴったり♪

いいね♥
3.7万件

材料 1〜2人分

卵 …… 1個
食パン（耳を切ったもの）
…… 2枚

スライスチーズ、マヨネーズ
…… 各適量
溶き卵（ぬる用）、サラダ油
…… 各適量

作り方

1 食パンを伸ばす

食パンはめん棒などで軽く押し広げる。鍋に湯（分量外）を沸かし、12分ほどゆでて殻をむき、ボウルに入れてくずしながらマヨネーズとまぜる。

2 食パンに具を包む

食パンの上半分に1の卵とチーズをのせ、のせていないほうに数か所切れ目を入れる。縁の部分に溶き卵をぬって半分に折り、縁をフォークで押しながらくっつける。

3 パイを焼く

全体に溶き卵をぬり、サラダ油をひいて熱したフライパンで両面に焼き色がつくまで焼く。

バーソロ's POINT

卵サンドをフォークでくっつけてパイ風にアレンジしてみました。めっちゃ簡単やけど、ちょっと豪華に見えるでしょ？

動画はこちらを
CHECK！

BEST
10

肉レシピ

おつまみレシピ

主食レシピ

悪魔的うまさ爆発！　とろ〜リチーズレシピ

103

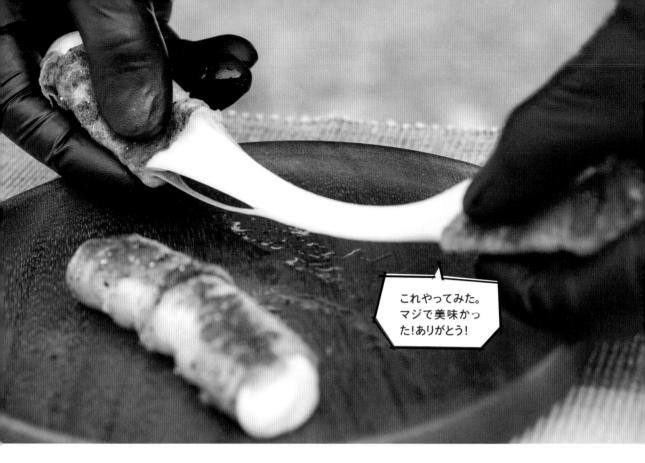

これやってみた。マジで美味かった!ありがとう!

簡単すぎて泣ける!
チーズのベーコン巻き

いいね♥
23万件

あまりにも簡単でうまい! とにかくチーズがのび〜る!

材料 作りやすい分量

ナチュラルチーズ(さけるタイプ)
…… 1本

ベーコン(ハーフ)…… 2枚

サラダ油、粗びき黒こしょう
…… 各適量

バーソロ's POINT

めちゃくちゃ簡単なのにすごく美味しいので、BBQで一度はやってみてほしいです!
チーズの味を変えてみてもGOOD!

作り方

1 チーズを包む

チーズにベーコンを巻きつける。

2 フライパンで焼く

フライパンにサラダ油をひいて熱し、1、黒こしょうを入れて表面に焼き目がつくまで焼く。

 動画はこちらをCHECK!

ポテトハムチーズのガレット風

難しそうに見えて、切って焼くだけと意外に簡単！

材料 作りやすい分量

じゃがいも…… 小2個

ハム…… 3枚

スライスチーズ…… 6枚

塩、こしょう…… 各少々

薄力粉、オリーブオイル、
　ドライパセリ…… 各適量

バーソロ's POINT
スライスチーズは溶けるタイプだとすき間から出てくるので、溶けないタイプを使うのがおすすめです！

作り方

いいね♥
25万件

1 じゃがいもを焼く
じゃがいもを細切りにし、ボウルに入れて塩、こしょう、薄力粉をまぶしてなじませる。フライパンにオリーブオイルをひいて熱し、じゃがいもの半量くらいを敷き詰めて焼く。

2 ハムとチーズをはさむ
1の上にチーズとハムをのせ、上からさらにじゃがいもをかぶせ、押しつけながら焼き目をつける。皿などにひっくり返してフライパンに戻し、裏面も焼く。パセリをふる。

動画はこちらをCHECK！

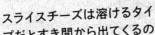

悪魔的うまさ爆発！　とろ〜リチーズレシピ

カリカリ派だからカリッと焼きたい😊

チーズがとろけて たまりませ〜ん😊👍

ジャーマンポテト風のチーズのせ

チーズをいっぱいかければなんでも美味しくなる説を実証!

材料 作りやすい分量

じゃがいも …… 1個

玉ねぎ …… 1/2個

ソーセージ …… 5本

ピザ用チーズ、オリーブオイル、
　塩、黒こしょう、ドライパセリ
　…… 各適量

バーソロ's POINT

チーズはたっぷりかけるのが
ポイント! チーズの塩味があ
るので、ジャーマンポテトは
塩とこしょうだけのシンプルな
味つけでOK。

作り方

1 材料を切る

玉ねぎは横に薄切りにし、じゃがい
もとソーセージはひと口大に切る。

2 具材を炒める

フライパンにオリーブオイルをひいて
熱し、*1*を炒める。チーズを上からたっ
ぷりとかけ、フライパンの縁にそっ
てオリーブオイルをたらす。フタをし
てじゃがいもがやわらかくなるまで熱
し、塩、黒こしょう、パセリをふる。

 動画はこちらをCHECK!

じゃがいもと玉ねぎの
たっぷりチーズ焼き

具材を切って焼いてチーズをかけるだけのシンプル料理！

いいね♥
17万件

材料 1人分

じゃがいも …… 1個

玉ねぎ …… 1/2個

サラダ油、塩、粗びき黒こしょう
　　…… 各適量

スライスチーズ …… 2〜3枚

バーソロ's POINT
味つけはシンプルにして素材の味を活かしてみました。外で熱々を食べるだけで十分楽しめるのがBBQの魅力です！

作り方

1 材料を切る

玉ねぎは横に厚めに4等分に切ってくずし、じゃがいもは厚切りにする。

2 材料を焼く

フライパンにサラダ油をひいて熱し、1とチーズを並べてフタをする。火が通ったら塩、黒こしょうをふる。

 動画はこちらをCHECK！

玉ねぎもじゃがいもチーズも好きだから完全に飯テロ…

悪魔的うまさ爆発！　とろ〜リチーズレシピ

ベーコンにチーズは最高の組み合わせ😋 ビール🍺が飲みたくなるねぇ😆🍻

ちくわチーズのベーコン巻き

一瞬でできて超絶うまい！ おつまみに最適！

材料 作りやすい分量

ちくわ …… 4本
スライスチーズ …… 2枚
ベーコン …… 10枚

バーソロ's POINT

家でやる場合は串に刺さず、フライパンにベーコンの巻き終わりを下にして入れ、ゆっくりと全体を焼くとうまくいきます！

作り方

1 下ごしらえする

ちくわとチーズを半分に切り、1枚ずつちくわの穴に差し込む。

2 焚き火で焼き色をつける

ベーコンを巻きつけて串に刺し、焚き火で焼き色がつくまであぶり焼きにする。

 動画はこちらをCHECK！

油揚げの味噌マヨチーズ焼き

カリカリの油揚げに味噌マヨチーズが絶妙に合う!

いいね♥
2.5万件

材料 1人分

油揚げ …… 1枚

味噌、マヨネーズ
…… 各大さじ1

青ねぎ (小口切り)、
ピザ用チーズ …… 各適量

バーソロ's POINT
表面をあぶるときはトングなどで火のついた薪を持ち、表面に近づけるだけでOK! 近づけすぎると焦げるので注意してくださいね。

作り方

1 油揚げにたれをぬる

味噌とマヨネーズをよくまぜ、油揚げの片面にぬって青ねぎとチーズをのせる。

2 両面を焼く

金網にのせて火にかけ、下面に焼き目がついたら火からおろし、火のついた薪で表面をあぶる。

動画はこちらをCHECK!

家でトースターを使えば簡単だから、作ってみよう!

やっぱり甘いものもほしくなる！
焚き火で作るホットスイーツ

しょっぱいものを食べたら甘いものがほしくなる……。

BBQ は肉やごはんだけじゃない！　スイーツだって作れるんだ！

焚き火でできるあったかスイーツも必見です。

焚き火でとろ〜り マシュマロパイン

焼いたマシュマロと
甘酸っぱいフルーツはまさに青春の味♡

いいね♥
4.6万件

> マシュマロパイン！
> 初めて見た！！
> 試してみよーう

材料 作りやすい分量

マシュマロ …… 1袋

パイナップル缶詰 …… 1缶

作り方

1 串に刺す

パイナップルはひと口大に切る。竹串にパイナップルとマシュマロを1つずつ刺していく。

2 焚き火であぶる

焚き火で**1**をあぶり、マシュマロに焼き目をつける。

バーソロ's POINT

あぶるときはヤケドに注意！　軍手などをつけて火に近づけすぎないようにしてくださいね。マシュマロはちょっとあぶればすぐに焼き目がつきます！

新感覚！ 3種の焼きチョコバナナ

NEW RECIPE

バナナに板チョコを突き刺すタイプのチョコバナナ！

材料 作りやすい分量

バナナ …… 3本
板チョコレート（3種類）…… 3枚

作り方

1 チョコをバナナに刺す

バナナの一部の皮をむき、食べやすく割った板チョコを刺して並べていく。同様に3種類作る。

2 バナナを焼く

焚き火に金網を設置してバナナをのせ、バナナに少し焼き目がつくまで焼く。

バーソロ's POINT

今回はプレーン、いちご、ホワイトチョコの3種類で作ってみました。ビターとかナッツ入りとかいろんなチョコで作ってみるのもあり！

 # バーソロミュー・ブック

TikTokやYouTube、Instagramなどに簡単でシンプルなアウトドア料理やキャンプの動画を投稿している料理系動画クリエイター。大阪府生まれ。「バーソロ」「ブック」「バーさん」「川クック」などと呼ばれる。2018年11月にTikTokに投稿をはじめ、開始わずか8か月弱でフォロワー数100万人を突破。2020年4月には料理系TikTokerでは国内No.1のフォロワー数140万人を突破。チーズをこよなく愛し、チーズを使ったチャーハンの動画は40万「いいね♡」を獲得するなど、「飯テロ職人」の異名をとるほど美味しそうな料理が話題となっている。#TikTokオーディション2019で#タレント大賞を受賞。

TikTok	@bartholomew_book
YouTube	川クック【バーソロミュー・ブック】
Instagram	@bartholomew_book
Twitter	@Bartholomewbook

STAFF

編集　森本順子、出口圭美 (株式会社G.B.)
表紙・本文デザイン　森田千秋 (Q.design)
撮影　入交佐妃

世界一美味しい 絶品&最速 BBQレシピ

2020年5月23日　第1刷発行
2022年7月12日　第3刷発行

著者	バーソロミュー・ブック
発行人	蓮見清一
発行所	株式会社宝島社
	〒102-8388
	東京都千代田区一番町25番地
	電話　営業：03-3234-4621
	編集：03-3239-0926
	https://tkj.jp
印刷・製本	株式会社光邦

●乱丁、落丁本はお取り替えいたします。
●本書の無断転載、複製、放送を禁じます。

©TAKARAJIMASHA, Bartholomew book 2020
Printed in Japan
ISBN978-4-299-00491-8